AF431121

EL PODER DE LOS HABITOS

7 pasos para crear la vida que deseas a través de pequeñas acciones

Daniel J. Martin

ISBN 9789916993729

Aviso: Este libro ha sido creado con la intención de ofrecer información, sugerencias y orientación sobre distintas áreas de la vida, entre ellas el bienestar emocional, la salud mental, el crecimiento personal y el desarrollo de relaciones saludables. Sin embargo, no sustituye en ningún caso a la atención médica profesional o al asesoramiento de un psicólogo o terapeuta calificado. Si estás enfrentando problemas serios de salud mental o emocional, te recomendamos que busques ayuda profesional de manera inmediata.

«Somos lo que hacemos repetidamente. La excelencia, por tanto, no es un acto sino un hábito.»

— Aristóteles.

ÍNDICE

¡Un regalo solo para ti!

¿Te gustaría leer **mi próximo libro completamente GRATIS**? ¡Escanea el código que aparece debajo y **apúntate a mi club de lectores**!

Te esperan grandes sorpresas: sé el primero en leer mis nuevos lanzamientos, escucha mis audiolibros de forma gratuita, consigue copias firmadas y dedicadas... ¡y mucho más!

Entendiendo los hábitos

Todo el mundo tiene hábitos. Buenos o malos, todos nos movemos en base a rutinas previamente instaladas en nuestro disco duro. Nuestro cerebro. Los hábitos nos convierten en lo que somos. Pero ¿hasta qué punto somos dueños de nuestros hábitos? ¿Podemos cambiarlos? ¿Estamos a tiempo de hacerlo?

Si te has hecho alguna de estas preguntas, si ves cómo pasan los años y los éxitos no llegan, si terminas abandonando cada proyecto que empiezas, si te has convertido en tu propio plan B (o C, D, E... ¡Z!), si no estás contento con la persona que eres... **Este libro es para ti**.

Porque sí, somos dueños de nuestros hábitos; sí, podemos cambiarlos; y sí, estamos a tiempo de hacerlo.

Por mi trabajo, mis investigaciones y, sobre todo, mi experiencia ayudando a mis pacientes, te puedo asegurar que lo malo conocido no es mejor que lo bueno por conocer. Lo malo conocido es rebajar tu potencial. Es acomodarte en la resignación y el victimismo. ¡No te conformes! Si eres consciente del hueco que hay entre lo que eres y lo que te gustaría ser, si sientes vergüenza de la persona en que te has convertido, si cada éxito que consiguen los demás lo sientes como una puñalada... Es momento de tomar el control de tu vida.

En la empresa de tu vida, tus hábitos son tus empleados

Antes de entrar en materia, vamos a hacer un rápido ejercicio de visualización: imagínate que eres el director general de una importante empresa: tu vida. Como tal, debes analizar y decidir qué empleados tienes que contratar y de cuáles es mejor que prescindas. Si estos empleados fuesen hábitos, ¿con cuáles te quedarías? Por ejemplo, ¿contratarías a Puntualidad? ¿Y a Proactividad y Eficiencia? Seguro que sí. ¿Qué me dices de Desorden? ¿Pereza? ¿Alcohol entre semana?

Todos sabemos los hábitos que nos convienen y los que no. No hay que ser un genio para entender que el alcohol es un enemigo potencial, que nuestros pensamientos negativos son contraproducentes y que la comida basura es tremendamente nociva para nuestra salud. Pero, por una u otra razón, nos cuesta horrores despedir a estos malos hábitos de nuestra vida.

Resistencia al cambio

No te estoy descubriendo nada nuevo si te digo que **necesitas cambiar**. Eso tú ya lo sabes. Por eso estás leyendo este libro. Pero, como seguro que también sabes, cambiar no es fácil. Si fuera fácil, si supiéramos cómo hacerlo, no serían necesarios los cientos de estudios que se han realizado desde la psicología, la neurología y la psiquiatría para entender por qué hacemos lo que hacemos y no lo que deberíamos hacer, ni se llenarían las consultas de psicología de personas frustradas por no lograr sus objetivos.

La resistencia tiene sentido según nuestro instinto de supervivencia más primario: si hasta ahora hemos sobrevivido, ¿por qué arriesgarnos a cambiar? ¿Y si fracasamos?

Pero lo cierto es que **el único fracaso es no intentarlo**.

Te propongo un sencillo ejercicio:

1. Toma lápiz y papel y apunta todo lo que hiciste el pasado lunes, en orden, desde que te levantaste hasta que te fuiste a la cama.

Continúa luego con el martes. Puedes hacerlo con toda la semana.

¿Ves algo que te llame la atención?

¿Fuiste al gimnasio al salir de trabajar como te habías prometido? ¿Visitaste el bar demasiado a menudo? ¿Sacaste tiempo para leer o para formarte en esa materia que sabes que supondría un salto en tu carrera?

¿A dónde crees que te lleva tu actual rutina diaria? ¿Es el sitio al que sueñas llegar?

2. Vamos ahora con los porqués. ¿Por qué pasaste tantas horas frente a la pantalla el jueves? ¿Por qué te castigas comiendo mal? ¿Por qué has ido a dormir tarde cada día?

¿Ya los tienes? Léelos.

La mayoría de mis pacientes, cuando terminan de escribir sus porqués y los repasamos juntos, caen en la cuenta de que esos porqués en realidad tan solo son excusas.

Solo existen dos porqués que nos mantienen anclados a nuestros malos hábitos y nos impide avanzar y convertirnos en la persona que anhelamos, y estos son: «porque tengo miedo al cambio», y «porque no sé cómo hacerlo».

Si queremos desarrollar nuevos hábitos que nos ayuden a construir la vida que soñamos, necesitamos: primero, eliminar el miedo al cambio; y segundo, un método que nos enseñe cómo hacerlo.

A lo largo de este libro te guiaré a través de 7 pasos sencillos y probados para que dejes tus miedos a un lado y desarrolles cualquier hábito que desees sin esfuerzo.

Porque los hábitos no consisten en obtener algo, consisten en *convertirnos* en alguien. Y la pregunta es: **¿quién quieres ser tú?**

Daniel

Encuentra tu porqué

«La única forma de hacer un gran trabajo es amar lo que haces.»

— Steve Jobs

Si eres como la mayoría de mortales, habrás hecho alguna vez la famosa lista de buenos propósitos de Año Nuevo. Ya sabes: ahorrar, pasar más tiempo con los tuyos, comer sano, leer... ¿Te sirvió la lista? ¿Alcanzaste las metas que te habías propuesto?

Por lo general, nadie cumple los propósitos que se hace a principio de año. De hecho, y según las estadísticas, el 80 % de la gente ya ha abandonado sus propósitos antes de marzo, y me atrevo a decir que en octubre ni siquiera recuerda que tenía propósitos que cumplir.

¿Por qué pasa esto?

Hay varios motivos. Suele suceder que nos hacemos **demasiados propósitos** a la vez y que, además, estos no se acompañan de **ninguna estrategia**. Por ejemplo, el propósito «ahorrar» tiene todas las de perder si no lo concretamos: ¿Cuáles son nuestros gastos inamovibles? ¿De dónde podemos recortar? ¿Qué cantidad de dinero vamos a ahorrar? ¿Ahorraremos un poco cada mes o lo haremos de algunas partidas en concreto?...

También suelen darse **propósitos ambiguos** o fantasiosos, especialmente en Navidad, del tipo: «preocuparme menos por el trabajo» o «disfrutar más de la vida». Esos propósitos están condenados a desaparecer al primer contratiempo que surja, ya que no son objetivos sino deseos (ojo, está muy bien tener deseos y fantasías como que nos toque la lotería o cruzar el océano en velero, pero debemos entender la diferencia entre un objetivo y un «ojalá»).

En otras ocasiones, y pese a que hay un objetivo claro y un plan bien diseñado, la persona **abandona sin saber por qué**. Eso, lamentablemente, no solo ocurre con los propósitos de Año Nuevo. Recuerdo el caso de un paciente, Adrián, que no lograba perder peso, aunque le hacía falta. Habíamos trabajado con él los motivos (los porqués) y un plan gradual de entrenamiento y dietas (de la mano de un entrenador personal y un nutricionista). En vano. Aunque se machacaba a sí mismo con la amenaza de futuros problemas de salud, y se visualizaba con un aspecto mucho mejor tras adelgazar, al poco dejaba de intentarlo.

¿Qué le pasaba a Adrián? Sencillamente, no había encontrado un verdadero porqué. Por muchas ventajas que tuviera adelgazar, no eran suficientes para cambiar sus hábitos de forma permanente. Adrián necesitaba **una razón más profunda** para comprometerse con un cambio real. Me di cuenta de que el motivo tenía que ver con su **auto concepto**, con quién era él, y no con cuánto debía pesar según su médico. Y Adrián, entre otras cosas, era un padre atento y amoroso. Ahí encontramos su porqué: Adrián quería que su hijo estuviera orgulloso de él. Y esperaba compartir mucho tiempo de calidad con su hijo, lo que implicaba necesariamente cuidar su salud.

Una vez encontramos su porqué, Adrián se sintió listo para el cambio, y todo funcionó a las mil maravillas.

No todos los porqués sirven para todo el mundo. Si alguien desea adelgazar, debe encontrar su propio motivo para hacerlo. Da igual si no es una razón muy convencional, o si parece incluso infantil: si esa persona se identifica con su porqué, funcionará.

Recuperando la cita de Steve Jobs al comienzo de este capítulo («La única forma de hacer un gran trabajo es amar lo que haces»), podemos entender que Adrián definitivamente NO amaba seguir dietas ni hacer ejercicio, pero SÍ amaba a su hijo. El amor por su hijo lo llevó a aceptar el sacrificio y, con el tiempo, llegó a gustarle no solo la meta sino también el camino.

Los propósitos de vida

Nuestros verdaderos porqués tienen que ver con nuestros propósitos de vida. Un propósito de vida es la razón o razones por la que nos levantamos cada mañana, las **motivaciones profundas** que dan un sentido de identidad y dirección a la propia existencia. Los propósitos de vida también son la guía moral de nuestros actos, decisiones y sacrificios. Vivir sin propósitos es vivir sin rumbo.

El neurólogo y psiquiatra judío Viktor Frankl, autor de *El hombre en busca de sentido*, estudió muy a fondo los propósitos de vida. En su libro, considerado uno de los 10 libros más influyentes en Estados Unidos, plasmó muchas de sus experiencias vividas en los campos de concentración en los que estuvo preso entre 1942 y 1945. Allí tuvo la triste oportunidad de asistir a la total degradación humana y, en la más absoluta desesperación, se dio cuenta de algo: los presos que mantenían la voluntad de vivir pese a todas las calamidades eran los que tenían un porqué. Los que sentían que aún les quedaba una tarea pendiente. Esa tarea podía ser reencontrarse con un familiar, volver a pisar su casa, terminar la obra que estaban haciendo o volver a hacer algo que amaban. El propio autor –quien perdió a su mujer embarazada en los campos–, afirmaba que no habría sobrevivido de no ser por la determinación de escribir su libro. Y recuerda las palabras de Nietzsche: «Quien tiene un porqué para vivir puede soportar casi cualquier cómo».

Tal vez todo esto te suene demasiado extremo o filosófico: al fin y al cabo, quizás no sea necesario revisar toda nuestra existencia solo porque queramos adelgazar un par de kilos. Sin embargo, como ya hemos dicho, las verdaderas razones por las que libramos una batalla no están relacionadas con cosas externas, sino con nuestro yo interior. Y ese yo debe saber lo que quiere y por qué.

¿Cuál es tu porqué?

Es el momento de encontrar tu porqué. Si de verdad quieres cambiar algo en tu vida, si quieres conseguir cosas nuevas, debes saber qué motivo tienes para hacerlo. Ser un buen padre, escribir una novela, conservar el negocio familiar, aprobar un examen, superar la ansiedad… Todo lo que te propongas requiere sacrificio. **Cuanto mayor es el sacrificio, más potente debe ser el porqué.**

No estamos diciendo que nuestros porqués tengan que ser necesariamente épicos o dignos de cambiar el rumbo de la Humanidad. Solo deben ser lo suficientemente importantes para nosotros como para sostener la lucha.

Supongamos que quieres cambiar de trabajo. Mi primera pregunta sería: «por qué?». Y tu respuesta, probablemente, sería una de las siguientes:

- Quiero ganar más dinero.
- Quiero más responsabilidad.
- Quiero cambiar de sector.
- Quiero cambiar de ambiente.
- Quiero algo más cerca de casa.
- ...

En realidad, esto no responde a mi pregunta. Estas son las cosas que quieres cambiar. Son los *qués*: más sueldo, un ascenso, otra compañía, un nuevo sector. Pero yo te pregunto por qué quieres eso. ¿Por qué quieres más dinero? ¿Por qué no quieres seguir haciendo lo que haces?

Cuando mantengo esta conversación con mis pacientes descubrimos que no habían llegado al fondo de la cuestión. Y no es hasta la tercera ronda de porqués que empiezan a salir los verdaderos motivos: «porque no me siento identificado con lo que hago», «porque me da vergüenza no haber tenido más ambición»...

Algunos porqués, como habrás intuido, arrastran antiguos conflictos.

Si tú no estás seguro de tu porqué, las siguientes preguntas pueden ayudarte:

- Lo que quieres conseguir ¿va contigo? ¿Coincide con tu forma de ser más profunda? ¿O es algo que «debes hacer» porque es lo que se espera de ti?

- Si eliminas ese objetivo de tu vida, ¿crees que te arrepentirás dentro de 20 años?

(Recuerdo la dolorosa frase de una mujer que traté por depresión: «Siempre lamentaré haber abandonado la carrera de danza»).

- Cuando consigas tu objetivo, ¿quién será la primera persona a quien se lo dirás y por qué esa persona?

- Si mañana mismo alguien te regalara ese objetivo sin más, ¿te gustaría igual? ¿O sentirías que te estás estafando a ti mismo? Por ejemplo: si tu objetivo fuera trabajar duro para comprarte una casa y convertirla en un hogar, ¿sentirías la misma satisfacción si te regalaran la casa? Si la respuesta es sí, no pasa nada (no hay nada malo en aprovechar los golpes de suerte de la vida), pero entonces el porqué de ese objetivo está fallando, ya que tú solo deseas tener la casa, *pero no deseas convertirte en esa persona que trabaja para conseguir la casa.*

Si ya has encontrado tu porqué, te invito a que escribas una frase con él. La frase debería empezar con un «quiero» y estar en presente.

Como ejemplo, esta es la frase que escribió Adrián cuando encontró su porqué:

«Quiero hacer dieta y ejercicio porque eso demuestra con actos que amo a mi hijo y hago incluso el esfuerzo más duro para convertirme en el padre que mi hijo se merece».

¿Ya tienes tu frase? Te felicito. Es un paso muy importante, ya que se convertirá en tu buque insignia.

Mantén tus porqués a mano, ponlos en un sitio visible si es necesario. Vuelve a ellos y a tus frases insignia a menudo, especialmente cuando las cosas se pongan cuesta arriba.

Resumen del capítulo

- A menudo, abandonamos nuestras metas porque no tenemos una **verdadera razón** para perseguirlas.

- Los porqués que sirven a otra gente **quizás no nos sirvan** a nosotros.

- Los **propósitos de vida** son las brújulas que nos guían en nuestros actos y decisiones.

- Tu porqué no tiene que ser épico o admirable para otros, solo tú debes **identificarte** con él.

- Tu **porqué verdadero** suele aparecer tras un par de rondas de preguntas en torno a por qué quieres cambiar.

Diseña tu plan infalible

«El mundo entero se aparta cuando ve pasar a un hombre que sabe adónde va.»

— Antoine de Saint Exupéry

Una vez tenemos claro por qué queremos cambiar y estamos comprometidos con nuestra causa al 100 %... Igualmente podemos fracasar.

¿En serio?

Sí, si no disponemos de un plan eficaz. Necesitamos una hoja de ruta para no perdernos en el camino.

¿Para qué nos servirá tener un plan?

- Para tener una visión global de nuestros objetivos a largo plazo.

- Para calcular cuánto tiempo nos llevará o, si son cambios permanentes, en cuánto tiempo esperamos implementarlos.

- Para detectar fallos o perspectivas poco realistas en nuestras aspiraciones.

- Para blindar nuestros objetivos contra el desánimo, el auto sabotaje y el miedo.

- Como herramienta para medir nuestros progresos.

Retomemos el ejemplo del cambio de trabajo: ¿Qué aspectos de nuestro trabajo cambiaríamos y qué aspectos no? ¿Aceptaríamos irnos a un sector que nos gustara más, pero cobrando menos? ¿Qué esperamos de nuestro nuevo trabajo?

Nuestro plan debería ir de lo general a lo más concreto posible. Por ejemplo, si el cambio es laboral, debemos saber:

1. Qué queremos cambiar exactamente (por ejemplo: queremos cambiar de empresa pero no de tipo de trabajo).

2. Las expectativas reales de ese cambio (de este cambio esperamos mayores oportunidades de ascender, pero no necesariamente mejor sueldo al comienzo).

3. Qué necesitamos para ello (¿formación, un proyecto, un equipo...?).

4. Cómo, cuándo y dónde lo vamos a hacer.

5. Los pasos uno a uno, a corto, medio y largo plazo.

Esbozando el plan

Hemos llegado a la conclusión de que queremos cambiar de sector. La forma más eficaz de lograrlo es cursando un máster para formarnos antes de lanzarnos a buscar trabajo. Ese máster implica dos cosas: ahorrar cada mes para abonar las cuotas y sacar tiempo para estudiar. Llevamos siglos sin hacer ninguna de las dos cosas.

Empecemos por el tiempo. ¿Cuáles son nuestras actividades y horarios regulares? ¿Cuánto tiempo dedicamos a trabajar, a desplazarnos, a hacer deporte, al ocio, a las tareas domésticas y a estar con nuestra familia? Si cada semana tiene 168 horas y el máster requiere unas 10 horas semanales durante los próximos 18 meses, ¿qué piezas del tablero vamos a mover?

Algunas opciones válidas:

- Levantarnos antes.
- Acostarnos más tarde.

- Suprimir actividades de ocio.
- Contratar una agencia para que limpie el piso (eso impactará en la economía).
- Comprar comida preparada para no cocinar ni pensar en la compra (ídem que la anterior).
- Reducir la pausa de comida en el trabajo para salir antes.
- Dedicar las tardes de sábado y domingo al máster.
- Etc.

Si ello genera tensiones con nuestra pareja o nuestra familia, ¿cómo vamos a compensarlo?

Continuemos con otros aspectos prácticos: si se trata de un programa a distancia, ¿dónde vamos a estudiar? ¿Tenemos un espacio específico o habrá que apañárselas en la mesa del comedor, donde también comemos y doblamos la ropa? (No es que no podamos usar esa mesa, pero habrá que ser consciente de que tiene más usos.

Además, los libros, portátil, apuntes y demás no flotan en el aire: habrá que guardarlos en algún sitio accesible que luego no suponga una odisea trasladarlos de nuevo al lugar de estudio).

Muchos de mis pacientes que deciden estudiar después de años sin hacerlo se encuentran que han perdido el hábito. Les cuesta leer con atención, resumir, aprender nuevos conceptos... Al poco se frustran y empiezan a dudar de sí mismos: creen que su cerebro ya no es lo que era, cuando en realidad lo que falla es el plan de estudios. Por eso es importante que tu plan prevea un tiempo de adaptación al nuevo hábito, además de estrategias para combatir el auto sabotaje y la procrastinación. Porque ¿qué te dirás a ti mismo cuando no consigas buenos resultados a la primera? ¿O cuando suceda algo «importante» con lo que no contabas? ¿O cuando te enteres que alguien ha conseguido el trabajo de tus sueños sin ningún máster?

Cuantas más cosas tengas previstas de antemano, más resistente será tu plan a los futuros obstáculos.

La procrastinación y la gloria del último minuto

A diario nos bombardean con ofertas de última hora y anuncios con efecto «last call»: ¡Últimos precios! ¡Últimas plazas! ¡Últimas entradas!... De forma parecida, en las películas de acción el héroe consigue desactivar la bomba en el último segundo, y en las comedias románticas los protagonistas no se dan cuenta de que se aman hasta el final de la película, cuando uno tiene que salir corriendo para impedir que el otro tome un avión. Muchos estudiantes presumen de prepararse el examen la noche antes, así que parece que todo lo que se logra en el último momento vale más y es más auténtico que lo que se consigue con calma y planificación. Sin duda, eso es válido para las películas, pero no para la vida diaria.

La **procrastinación** es la acción o hábito de retrasar tareas que deben atenderse primero, sustituyéndolas por otras actividades menos relevantes o más agradables. Si tenemos tendencia a procrastinar y, además, en varias ocasiones hemos conseguido «salvarnos» en el último momento, la mala costumbre de postergar se habrá ido reforzando.

En realidad, procrastinar es perder tiempo y energía, además de someternos a una montaña rusa de emociones: subimos con la falsa satisfacción de estar «engañando al tiempo» cuando postergamos la tarea, continuamos con nerviosismo cuando intuimos que se nos está echando el tiempo encima, bajamos hasta la culpa, la ansiedad y la vergüenza mientras luchamos a la desesperada contrarreloj y subimos a la euforia final si conseguimos llegar a tiempo.

La procrastinación nos agota mentalmente y crea un bucle que se auto alimenta: cuanto más cansados, más tentados estamos de dejar las cosas para el último minuto, lo cual nos estresa y nos cansa más todavía. Cada minuto de «placer» procrastinando se paga con muchos más minutos de estrés.

Por otro lado, la procrastinación indica un bajo nivel de compromiso: es como decir que, en el fondo, no nos importa hacer las cosas regular o directamente mal en lugar de hacerlas bien. Pero ¿por qué preferimos hacer las cosas mal?

La respuesta está en algún punto escondido de nuestro cerebro. Allí hay una voz que nos felicita por hacer las cosas no tan bien como seríamos capaces. Es algo así como una sensación de superioridad o de rebeldía frente a la norma. No hacemos la compra cuando toca porque nosotros somos *más importantes* que eso. No somos como la demás gente.

¿Has pensado así alguna vez?

Las obligaciones aburridas, especialmente los trabajos domésticos o aquellos que hace todo el mundo en el planeta y que, en consecuencia, nos hacen sentir poco especiales, son blancos perfectos de la procrastinación. Porque, a ver, ¿qué gran genio o emprendedor pierde el tiempo con cosas tan superfluas como tener calcetines limpios cada mañana?

Sin embargo, recuerda que tú no eres la colada, ni la lavadora, ni el papeleo tan desesperante que has tenido que preparar para matricularte en el máster: tú eres tus hábitos, y tus hábitos son ser una persona limpia y responsable.

En el otro extremo, la procrastinación también se da cuando dedicamos muchísimo tiempo a los preliminares de cualquier tarea. ¿Tengo que enviar emails a nuevos clientes? Ningún problema, pero antes limpiaré la pantalla del ordenador, que está muy sucia. O mejor limpio toda la mesa, de paso. Espera, voy a barrer el suelo, ya que estoy. Ah, y tengo que llamar a la empresa de mensajería. ¿Qué hora es? Demasiado tarde para enviar emails a esta hora. Mañana mejor.

¿Te suena este bucle? Cuando te sorprendas a ti mismo diciéndote este tipo de cosas, rompe el ciclo y ponte a trabajar sin escuchar a tu cerebro: la procrastinación lo tiene secuestrado.

El miedo a éxito

La procrastinación, en ocasiones, esconde otro sorprendente miedo: el miedo al éxito.

Sabemos que el miedo es el temor a que lo nuevo, lo desconocido, nos traiga resultados poco favorables. Nuestro cerebro más primitivo lleva miles de años entrenando para sobrevivir, y ello conlleva una estricta política anti cambios cuando la situación va mínimamente bien. Entendemos esta lógica de la supervivencia para protegernos del fracaso, pero... ¿Del éxito?

Cuando mejoramos en cualquier área, a menudo aparece el síndrome del impostor. El síndrome del impostor es el miedo a ser acusado de fraude o mentiroso por los nuestros (compañeros de trabajo, amigos...), porque nosotros mismos no nos creemos nuestra propia valía. Como mecanismo de defensa, nuestro cerebro se anticipa haciéndonos sentir indignos de lo que hemos conseguido para protegernos de un mal peor, que es el dolor o la vergüenza de ser «descubiertos» o rechazados por ocupar un puesto que en el fondo no *merecemos*.

El síndrome del impostor es una falsa creencia vinculada a una baja autoestima: no creemos que valemos tanto o no nos creemos merecedores de la confianza de los demás en la labor que vamos a desempeñar (no solo en el ámbito laboral, también en las relaciones de pareja). Para librarnos de ese síndrome tendremos que trabajar nuestra autoestima y demostrarnos con pruebas, por pequeñas que sean, que sí valemos para eso y somos dignos de confianza.

Junto al síndrome del impostor está el miedo a ser abandonados por el grupo si nuestro crecimiento despierta recelos o envidias. Lamentablemente, este miedo tiene fundamento: de hecho, es probable que nuestra mejora provoque revuelo en nuestro grupo de amigos, nuestra familia o nuestra pareja. Sin embargo, y esto debe quedar muy claro, ese no debería ser nuestro problema. No pierdas el tiempo en intentar convencer a nadie de que, aunque estás creciendo personal o profesionalmente, sigues siendo digno de su amor o confianza: los que te quieren van a seguir a tu lado, y los que no te quieren, no lo harán por mucho que les tiendas la mano a costa de tu propia energía.

La planificación versus la «libertad»

Alguna gente critica los planes de hábitos porque creen que una vida excesivamente planificada es poco excitante y ahoga la espontaneidad. Muchos de mis pacientes lo comentan al principio de su proceso: «¡Voy a parecer un robot!».

Sin embargo, un buen plan de hábitos permitirá a largo plazo optimizar el tiempo, el dinero, la capacidad de trabajo y nuestra relación con el entorno. Visto así, nos acerca a la libertad, ya que dispondremos de más recursos para tomar más decisiones libremente. Sin hábitos, la falsa sensación de «libertad» pronto se convertirá en un vagar sin rumbo.

Tu plan

Mi consejo es que dediques tiempo de calidad a diseñar tu plan y lo pongas por escrito, utilizando notas, colores o lo que necesites para hacerlo comprensible. Puedes usar una agenda, un diario, una pizarra, una secuencia de *post-it* o cualquier otro formato que te parezca eficaz.

¿Qué debe incluir tu plan?

1. Lo que te hayas propuesto mejorar en forma de objetivos concretos u objetivos SMART[1] (no vale anotar «adelgazar», hay que incluir metas específicas).

2. Todo lo que vas a hacer para conseguirlo: los nuevos hábitos, horarios, fechas, cambios en tu dinámica de gastos, mejoras en tu auto cuidado...

3. Los posibles obstáculos (y sus soluciones, si las tienes. Las puedes ir apuntando a medida que las vayas encontrando).

---

[1] Tratados en profundidad en *El poder de creer en ti*: *www.danieljmartin.es/pct*

4. Las contrapartidas: las cosas a las que tendrás que renunciar mientras dure el plan o de forma permanente.

5. Todas las respuestas a todas las preguntas que seas capaz de prever ahora mismo.

Es importante que seas concreto. Si has decidido ponerte en forma, deja claro que irás al gimnasio los martes y los jueves a x hora, a x clase dirigida, durante los próximos x meses, y las marcas que te has propuesto alcanzar. Si quieres entrenar para participar en una carrera en el futuro, apunta el nombre y la fecha de la carrera y estudia cuál sería un plan realista de entrenamiento, con metas a corto y largo plazo.

No dudes en buscar asesoramiento para diseñar tu plan. Hay un montón de perfiles profesionales que pueden ayudarte:

- Coaches.
- Psicólogos.

- Entrenadores personales.
- Nutricionistas.
- Asesores financieros.
- Asesores de imagen.
- Profesores particulares de cualquier materia.
- Etc.

Ten presente las cosas a las que vas a renunciar. No está de más que las escribas como si fueran deberes escolares. Estos son algunos ejemplos sacados de mis sesiones:

- No podré quedarme más de media hora en el sofá después de la cena.

- No podré irme de vacaciones este año.

- Mi presupuesto en ocio para los fines de semana a partir de ahora será de x.

- Prescindiré (venderé) dos de mis guitarras para pagarme las clases de música.

- No podré comer más de 1 producto de pastelería a la semana.

La segunda opinión

Muéstrale tu plan a alguien de confianza y pídele su opinión. Dos anotaciones sobre esto: la primera, si vas a «utilizar» a familiares y amigos para que te ayuden en tu crecimiento, no te olvides de agradecérselo y hacer algo por ellos cuando te lo pidan. A todo el mundo le gusta ayudar, pero a nadie le gusta sentirse utilizado.

La segunda es un consejo sobre las personas «de confianza»: ya hemos hablado de la gente que sentirá envidia cuando te vea crecer y querrá que caigas. Pero también está la gente que no te podrá ayudar por mucho que te quiera. Me refiero a que tal vez tu abuela no sea la persona más indicada para revisar tu plan (con todo el amor del mundo que yo siento por mis abuelas). Por mucho que quiera lo mejor para ti, es probable que no entienda tu plan y no pueda darte un *feedback* apropiado. En este caso, una persona de confianza será alguien que tenga experiencia en los objetivos y los hábitos que quieres trabajar.

Es importante que no pases al siguiente capítulo hasta que no tengas listo tu plan escrito. Cuando lo tengas, veremos métodos para grabarnos a fuego nuestros nuevos hábitos y quitarnos de encima rutinas inútiles o tóxicas. Ambas cosas se basarán en este plan, así que lo que hayas escrito en él va a misa.

Resumen del capítulo

- Diseñar un plan para nuestros nuevos objetivos nos ayudará a optimizar el tiempo y a luchar contra nuestra propia resistencia al cambio.

- Nuestro plan debería incluir lo que vamos a hacer de la forma más concreta posible y todos los posibles problemas.

- Nuestro plan también debe contemplar los sacrificios y las renuncias que vamos a hacer.

- Cuanto más blindado esté un plan, menos riesgo habrá de procrastinación o abandono.

- La procrastinación es solo miedo —al éxito o al fracaso— y falta de respeto hacia nosotros mismos.

- Nuestro plan no solo nos llevará a una vida más productiva y saludable, también nos dará paz y seguridad en nosotros mismos.

Tus nuevos hábitos

«Primero nosotros formamos los hábitos, luego ellos nos forman a nosotros.»

— Rob Gilbert

Tenemos el porqué, tenemos el qué, vamos ahora al cómo.

Vamos a poner en práctica lo que hay en tu plan. A diferencia de los aspectos anteriores, el cómo es una parte muy mecánica: se trata de ejecutar y repetir las acciones que hemos planificado hasta llegar a la meta.

Al principio puede parecer agotador, pero una vez la rueda empiece a girar, todo será cada vez más sencillo.

Pongamos que has tomado las dos decisiones siguientes: de lunes a viernes te levantarás y te acostarás cada día media hora antes. ¿Cómo vas a acostumbrarte a ello?

Charles Duhigg, ganador de un premio Pulitzer por sus investigaciones sobre hábitos empresariales, asegura que se puede introducir o cambiar cualquier hábito individual o colectivo, por mucho tiempo que lleve con nosotros, si se entiende cómo trabajan en nuestro cerebro.

Como ya hemos dicho, todo el mundo tiene hábitos. Los hábitos se definen como el conjunto de acciones repetidas e interiorizadas que llevamos a cabo de forma automática y sin necesidad de reflexionar sobre ellas. Los hábitos nos ayudan en nuestro día a día, dando respuestas conocidas a la mayoría de contextos:

de este modo podemos simplificar nuestra vida, permitiendo que el cerebro se libere de tareas rutinarias para concentrarnos en lo que requiere atención.

Sin embargo, cada una de esas acciones rutinarias fue fruto de una primera decisión consciente antes de convertirse en hábito. Esa acción obtuvo un resultado óptimo o favorable (recompensa), por lo que volvimos a hacer lo mismo ante la misma situación. Nuestro cerebro aprendió que esa era la manera de hacer las cosas, y la acción se convirtió en hábito.

En cada hábito encontramos tres fases consecutivas. Duhigg las denomina **señal**, **rutina** y **recompensa**.

La **señal** es el disparador externo que nos pone en contexto y nos pide una respuesta o rutina. La señal siempre procede de fuera, del ambiente. Por ejemplo: el semáforo se ha puesto en verde (señal) > yo lo capto y me pongo en marcha (respuesta o rutina).

Para saber hasta qué punto tenemos interiorizada una señal, podemos probar a hacer lo contrario de lo que hacemos cuando aparece esa señal. Imaginemos que invierten el significado del rojo y el verde de todas las señales luminosas: ¿cuánto nos costaría acostumbrarnos a la nueva situación? Probablemente, más de un susto. Algo parecido experimentamos cuando viajamos al Reino Unido o a cualquier país donde conducen por la izquierda si solemos ir por la derecha: os aseguro que el conductor más experimentado se vuelve un principiante miedoso y torpe cuando tiene que circular por el lado contrario al que está habituado.

La **rutina** es la acción más o menos automática que realizamos tras captar la señal: se pone el semáforo en verde y aprieto el acelerador, llego a casa y me quito los zapatos, suena la campanita del WhatsApp e inmediatamente miro el móvil, etc.

La **recompensa** es lo que obtenemos tras nuestra acción, y puede ser tan lógica como saber que hemos seguido las normas para no tener un accidente. La recompensa no es aleatoria ni nueva: es exactamente lo que esperamos que suceda cada vez que respondemos de una determinada forma a una señal.

Todo este ritual sucede sin que le hayamos prestado apenas atención.

Entonces, si nuestros hábitos son automáticos, ¿cómo vamos a cambiarlos a estas alturas?

Cómo introducir un hábito nuevo

Volvamos ahora a nuestro cambio de horarios. Ir a dormir media hora antes no debería suponer un problema, pero llevamos años pasando una hora frente al televisor después de cenar. Es nuestro momento para relajarnos, hablar con nuestra pareja o interactuar en las redes sociales. Cuando el primer día lo recortamos media hora, sentimos que nos falta algo. Como si nos hubieran robado un trocito muy agradable del día. Encima, no nos dormimos antes, así que en realidad no hemos conseguido nada.

Sin embargo, sabemos que ganar esa media hora es importante. ¿Qué debemos hacer?

Lo primero, identificar las distintas partes del hábito: la señal, la rutina y la recompensa.

1. La señal: ¿qué es exactamente lo que da pie a ese ritual? ¿Es hablar de la serie durante la cena? ¿Es llevar los platos sucios a la cocina al terminar de cenar? ¿Es el sonido que hace el televisor cuando lo encendemos?

2. La rutina: ¿qué hacemos durante esa hora? ¿Hablamos, tomamos chocolate, vemos vídeos en el móvil, jugamos a la Play...?

3. La recompensa: ¿Qué sentimos tras el punto anterior? ¿El placer de desconectar? ¿De estar en el sofá? ¿Del chocolate? ¿Todo a la vez? Si no estamos seguros, debemos suprimir cada una de esas opciones y mantener el resto del ritual: una noche probamos a estar toda la hora sin encender el televisor (ni hacer nada nuevo en sustitución), otra noche, sin el móvil, otra, sin chocolate... ¿Qué es exactamente lo que nos reconforta?

4. Una vez lo tenemos claro, hay que buscar la manera de compensar lo que sacrificamos. Una forma de hacerlo sería buscar una recompensa alternativa lo más parecida a la que tenemos ahora:

- Si se trata de ver una serie, tal vez buscar series de capítulos cortos nos ayudará.

- Si lo que nos gusta es sentir cómo nos entra el sueño poco a poco, podemos escuchar un podcast de relajación en la cama para acelerar el proceso.

- Si nos gusta hablar con nuestra pareja, podemos llamarla de camino a casa al salir del trabajo.

De ese modo no eliminamos el hábito, pero sí lo modificamos en nuestro propio beneficio.

La teoría de las cuatro leyes de Clear

James Clear es otro gran especialista en la creación de hábitos. A partir del trabajo de Charles Duhigg, Clear desarrolló su propia teoría sobre ellos, y la basó en cuatro leyes o condiciones básicas. Veámoslas.

Como decíamos, lo que dispara el inicio de un hábito es la señal. Tras captar la señal, según

Duhigg viene nuestra respuesta, pero para Clear hay un paso intermedio entre ambas, que es el **anhelo** o **ansia**. El anhelo aparece cuando percibimos la señal y anticipamos automáticamente la recompensa: oigo el sonido del televisor encendiéndose (señal) > deseo comer chocolate (anhelo) > tomo el chocolate (rutina) > me siento bien (recompensa).

La diferencia entre este esquema de cuatro partes (señal - anhelo - rutina - recompensa) y el de Duhigg reside en que debe darse el anhelo preprogramado: si otra persona hiciera el ritual y nunca antes hubiera comido chocolate a esa hora, aunque captara la señal, no pensaría en el chocolate porque no asociaría una cosa con la otra, es decir, no aparecería el anhelo y, probablemente, no tomaría chocolate.

Según Clear, para que un ritual se convierta en hábito, cada una de las partes debe cumplir con una condición: la señal debe ser obvia, el anhelo, atractivo, nuestra respuesta, fácil de hacer y la recompensa, satisfactoria.

¿Qué debemos hacer entonces para introducir un nuevo hábito? Asegurarnos de que cumple las cuatro condiciones anteriores:

- SEÑAL - Debe ser algo obvio, identificable: 1ª condición o ley.
- ANHELO o ANSIA - Debe ser atractivo y anticipar la recompensa: 2ª condición o ley.
- RESPUESTA - Debe ser fácil de ejecutar una vez aprendido: 3ª condición o ley.
- RECOMPENSA - Debe ser satisfactoria y cumplir la expectativa del anhelo: 4ª condición o ley.

Imaginemos que nos han prescrito una medicación para los próximos dos meses. Se trata de tomar una pastilla cada mañana. Al llegar a casa dejamos las pastillas en el lugar de los medicamentos y, obviamente, a la mañana siguiente no nos acordamos de tomar la pastilla.

Debemos crear un hábito para introducir la toma de la pastilla en nuestra vida. En este caso tal vez sea suficiente dejar una nota o directamente la caja de pastillas junto a la cafetera. De esta manera la rutina de tomar la pastilla se hace más sencilla y agradable, ya que anticipa el desayuno.

Trucos y recursos

Como habrás intuido, a menudo hay que tirar de imaginación para apuntalar los nuevos hábitos. Comparto aquí algunas de las tácticas que utilizan mis pacientes, muchas de las cuales son fruto de su propio proceso de ensayo y error:

- Colocación estratégica de objetos: la bolsa del gimnasio junto a la puerta de entrada, el libro sobre la almohada, la botella de agua junto al ordenador, la verdura ya lista para comer en el estante más visible de la nevera...

- Técnica del sandwich: intercalar nuestro nuevo hábito entre hábitos que ya tenemos interiorizados (es el caso de la pastilla matutina junto a la cafetera).

- Recordatorios: utilizar alarmas, notas, agendas o aplicaciones móviles para recordarnos las cosas.

- Cuando una tarea se nos hace muy tediosa o aburrida, centrarnos en romper la barrera del primer minuto: se trata de poner toda nuestra atención y fuerza de voluntad en el acto de empezar la rutina, ya que es el momento más difícil. (¿Cuántas veces hemos oído eso de «lo difícil es empezar, una vez te pones, ya está...»?) Así, no nos agobiamos pensando en toda la tarea que tenemos por delante (por ejemplo, revisar todas las facturas de proveedores), sino solo abrir la carpeta y tomar la primera factura.

Todos estos trucos pueden parecer aparatosos, pero solo son necesarios al comienzo: una vez asumido el hábito, nuestro cerebro nos lo pondrá mucho más fácil.

Cómo deshacerse de un mal hábito

¿Recuerdas la cita de Rob Gilbert al comienzo de este capítulo, «Primero nosotros formamos los hábitos, luego ellos nos forman a nosotros»? Pues en realidad eso es solo la mitad de la frase que dijo Gilbert. La cita continúa así: «Conquista tus malos hábitos o ellos te conquistarán a ti».

Todos tenemos malos hábitos. Comer más de lo necesario, beber, comprar cosas por impulso, descuidar la casa, no descansar correctamente, no controlar nuestro mal humor... Esos hábitos suelen estar mucho más interiorizados de lo que creemos, y suelen satisfacer impulsos que no controlamos. Para protegerlos, nuestro cerebro nos dice cosas de este tipo:

«No pasa nada por beber una copa al llegar a casa después del trabajo».

Claro que no pasa nada, pero... ¿Has probado a ver cómo te sientes si no tomas esa copa? ¿Hasta dónde se elevan tus niveles de frustración y nerviosismo?

«Sé que no debería comprarme tanta ropa, pero no puedo evitarlo: me encanta estrenar cosas nuevas».

¿De dónde crees que procede este impulso?

Si quieres despedir a un mal hábito, primero debes ser consciente de cómo funciona y a qué responde. ¿Cuál es la recompensa y por qué es una mala recompensa?

Nuestros malos hábitos no llegaron por casualidad: en algún punto de nuestro pasado cumplieron una función que, en su momento, fue útil. Tal vez nos aportaban calma o nos reconfortaban en un ambiente hostil. O tal vez adoptamos el hábito por pura imitación del entorno. Por eso, si hoy has decidido, sabiamente, que no los quieres en tu vida, despídelos sin juzgar: agradece mentalmente sus servicios y anuncia sin odio ni resentimiento que ya no pueden seguir en tu vida.

Trae tus malos hábitos al plano racional

El psicoanalista Carl G. Jung decía: «Mientras no logres transformar lo inconsciente en consciente, lo inconsciente guiará tu vida y tú lo llamarás destino».

Solo podemos cambiar aquello de lo que somos conscientes. Solo podemos dejar de mordernos las uñas si nos damos cuenta de que vamos a morderlas en el momento en que nos llevamos los dedos a la boca. Solo podemos dejar de interrumpir a la gente si mantenemos plena atención en nuestro impulso de intervenir en la conversación.

Por muy automatizado que tengamos un hábito, existe la posibilidad de cambiarlo o eliminarlo si lo empezamos a racionalizar y a practicar de forma consciente. Es algo así como si lo estuviéramos viendo por primera vez en nuestra vida.

Pongamos por ejemplo respirar: es un hábito inconsciente, respiramos incluso cuando dormimos. Pero podemos aprender a *controlar* nuestra respiración atendiendo al acto de tomar y expulsar aire. Si queremos cantar, nadar o hablar en público, por ejemplo, es lo que tendremos que hacer, y solo lo conseguiremos practicando el hábito de respirar de forma consciente.

Alterar un mal hábito siguiendo las cuatro leyes de Clear

A nivel mecánico, un mal hábito funciona igual que uno bueno: una señal provoca nuestro anhelo, que satisfacemos con la rutina para obtener la recompensa. Estamos en la oficina, vemos pasar a dos compañeros en dirección a la máquina del café, pensamos en el café y automáticamente dejamos de estar concentrados en el trabajo porque pasamos a recrearnos en el placer que sería tomar café.

Siguiendo esta lógica, si queremos eliminar o modificar un mal hábito, debemos encontrar la manera de «engañar» a nuestro cerebro para que pierda interés en ese hábito:

- SEÑAL: hacerla invisible en vez de obvia. Por ejemplo, evitando ver la zona de paso de los compañeros (tal vez con alguna barrera visual) o ponernos cascos para no oír a los compañeros cuando se levantan.

- ANHELO: hacerlo poco atractivo en vez de irresistible. Por ejemplo, frenar el ansia de café con una nota que nos recuerde el tiempo que perderemos con esas pausas y que tendremos que recuperar luego, y otra para recordar la mala calidad de esos cafés.

- RESPUESTA: hacerla difícil o tediosa en vez de sencilla. No tener monedas a mano, para la máquina, ir cuando hay más gente para tener que hacer cola y perder tiempo (o bien ir cuando no hay nadie para no poder conversar si eso es lo que nos gusta), no poner azúcar...

- RECOMPENSA: hacerla insatisfactoria en vez de gratificante: abandonar el vaso al primer sorbo, tirar una moneda de euro a la basura por cada café que compramos, etc.

Algunas de estas tácticas parecen ridículas y nos daría vergüenza explicarlas. Pero te sorprenderían las cosas que hace la gente para deshacerse de un mal hábito.

El caso de Oliver

Oliver estaba enfadado consigo mismo porque no conseguía dejar de beber entre semana. No es que bebiera mucho, solo un par de cervezas cada día después del trabajo, pero le molestaba no poder dejarlo. Cada vez que lo intentaba se ponía de mal humor, por la noche le costaba dormirse o le dolía la cabeza.

Nos pusimos a analizar sus hábitos desde que captaba la señal que le instigaba a beber hasta que se iba a dormir.

1. La señal aparecía de camino a casa: desde el momento que Oliver salía por la puerta de su trabajo, todo lo que veía a su paso —edificios,

tiendas, la salida del colegio, etc.–, le era familiar y le recordaba que era *la hora*.

2. El anhelo se disparaba durante ese trayecto: Oliver ansiaba llegar a casa y beber esa cerveza fría porque marcaba el fin de una jornada laboral más y le cargaba las pilas para el resto del día.

3. La rutina de bebérsela era todo un ritual: Oliver se aflojaba los zapatos y se sentaba en el sofá. Era un momento en que no miraba el móvil ni hablaba con nadie. Respiraba hondo, miraba por la ventana o cerraba los ojos: inconscientemente, hacía cosas relajantes durante esos minutos mientras se regalaba la dosis de alcohol que su cuerpo le pedía.

4. Finalmente, la recompensa era la sensación de haber cargado las pilas y volver a estar listo para la acción. Desde luego, haber cargado las pilas era positivo, el error estaba en pensar que la cerveza había sido la responsable de ello (no

subestimemos el poder de manipulación que tiene el alcohol sobre nuestro cerebro...).

Empezamos por enmascarar la señal para que fuera más difícil disparar el ansia o anhelo. Para ello, probamos a cambiar algunos de los pasos que le llevaban a pensar en la cerveza:

- Oliver cambió aleatoriamente el recorrido hasta casa para que no le fuera familiar y tuviera que mantenerse atento a la vuelta.
- Otras veces no pasaba por casa y se iba al parque, a hacer la compra o al gimnasio.
- A veces se inventaba juegos mentales o distracciones durante el trayecto de vuelta.
- También empezó a escuchar podcasts que lo mantenían concentrado.
- Justo al llegar a su edificio, Oliver subía el volumen de los auriculares hasta que se volvía casi molesto, y lo mantenía excesivamente alto durante los primeros minutos en casa.
- A veces, también subía las escaleras a pie o trotando en vez de tomar el ascensor, de

modo que al llegar al piso Oliver necesitara recuperar el aliento más que cualquier otra cosa.

Cambiar continuamente la manera de volver a casa hacía que la señal no fuera obvia y el anhelo tardara en aparecer o estuviera mezclado con otras cosas a las que Oliver tenía que atender al mismo tiempo.

Para hacer el anhelo menos atractivo, Oliver se comprometió a pensar en las consecuencias de la adicción al alcohol cada vez que pensaba en la cerveza, o recordaba a personajes famosos que él admiraba y que eran totalmente abstemios.

Luego pusimos en práctica tácticas para hacer la respuesta más difícil y la recompensa menos agradable:

- Dejar de tener cerveza en casa.
- Dejar las cervezas fuera de la nevera para que, al llegar a casa, estuvieran calientes.

- Sustituirlas por cervezas sin alcohol.
- Dejar la puerta de la cocina cerrada y ponerse notas con recordatorios para hacer otras cosas.
- Colocar objetos encima del sofá para no poder sentarse automáticamente y tener que dedicar unos minutos a despejarlo.
- Hacer una llamada telefónica a la centralita de una institución oficial y centrarse en la conversación con el contestador automático, algo que a Oliver le ponía muy nervioso.

Muchas de las tácticas no funcionaron. Por ejemplo, no tener cerveza no le sirvió a Oliver porque, consciente de ello, las compraba de camino a casa. Por otro lado, descubrió que no poder sentarse en el sofá fue lo que más le molestaba.

Finalmente, Oliver consiguió erradicar el hábito aficionándose a podcasts de *true crime* y sustituyendo las cervezas por otras de la misma marca pero sin alcohol. El resto del hábito se mantuvo intacto, así que la sensación de cargar las pilas tras unos minutos en el sofá mientras se refrescaba continuó. Lo único que eliminamos fue el alcohol.

Aprendiendo del Minimalismo

No es ningún secreto que vivimos inmersos en una espiral de consumismo en el que básicamente trabajamos para comprar.

Pero es posible mejorar nuestros hábitos adquisitivos: de hecho, es una de las grandes tareas pendientes de nuestra sociedad.

Joshua Fields y Ryan Nicodemus son amigos desde la infancia y conocidos en todo el mundo como *los minimalistas*. Estos dos ex ejecutivos que llegaron a ganar muchísimo dinero con sus trabajos corporativos, se dieron cuenta de que sus hábitos de consumo eran absolutamente insanos. Así, se deshicieron de todas las pertinencias que no consideraron esenciales e iniciaron, junto con otra gente, un movimiento en pro del consumo consciente.

A mi entender, lo más interesante de este movimiento es que no se trata de una pseudo religión que proclama vivir sufriendo para alcanzar la verdad, ni un reto que se ha puesto de moda, ni es un movimiento pro medio ambiente (no me malinterpretes: me refiero a que no insta a hacer las cosas para un tercero, sino para uno mismo).

El minimalismo defiende la reeducación de nuestros hábitos de consumo para vivir con más significado. Insta a preguntarnos cuántas de las cosas que compramos son necesarias o nos hacen felices, y cuántas de las cosas que tenemos en casa fueron compradas por obligación o realmente nos hacen la vida más fácil[2].

---

[2] Según sus datos, un hogar familiar medio de Estados Unidos acumula unos 300.000 objetos.

Aquí van algunas reflexiones y consejos para reeducar nuestros hábitos de consumo:

1. Antes de comprar algo, espera su precio en tiempo: si vale 50 €, espera 50 horas antes de comprarlo. Si vale 1.000 €, espera 1.000 horas.
2. Dale una oportunidad a las tres R: recicla, reutiliza y reduce.
3. Haz listas de compras y respétalas.
4. Si algo entra en tu casa, algo debe salir.
5. Elimina tus suscripciones para evitar emails con propaganda.
6. Elimina entrar en las páginas web de las tiendas para «curiosear» o «estar informado de las novedades».
7. Rebajas: ¿comprarías eso si no estuviera de rebajas? ¿Pensabas comprarlo antes de verlo?
8. Compra pensando en ti, y no en los demás. Esto vale tanto para un bolso con el que impresionar a las compañeras de trabajo como para una guitarra del mismo modelo que tu

guitarrista preferido que, por cierto, es millonario.

9. Traduce el precio de lo que quieres comprar en horas de tu trabajo. ¿Cuánto tiempo debes trabajar para comprar eso?

10. Fiestas, cumpleaños, celebraciones y Navidad: llega a acuerdos con la familia o los amigos para limitar el gasto o acuerda hacer regalos más conscientes y no solo para cumplir.

11. Vacaciones y ocio: antes de reservar tu próximo viaje al lugar de moda recuerda para qué sirven las vacaciones y qué esperas de tu próxima escapada.

Pese a que cada uno debe encontrar su propia forma de relacionarse con su dinero, es una obligación moral para con nosotros mismos no dedicar la vida a trabajar para comprar cosas con el fin de ser respetados o calmar nuestra ansiedad.

«Gastamos dinero que no tenemos, en cosas que no necesitamos, para impresionar a gente a la que no le importamos.» — Will Smith

Resumen del capítulo

- Nuestros hábitos son rituales que siguen una secuencia lógica: empiezan con una señal que dispara nuestro anhelo de recompensa, nosotros reaccionamos realizando una determinada acción y obtenemos esa recompensa.

- Para que los hábitos se mantengan en el tiempo, cada una de estas fases debe cumplir con una condición: la señal debe ser obvia, el anhelo, irresistible, la rutina, fácil, y la recompensa, gratificante o reconfortante.

- Tanto para introducir como para eliminar o modificar un hábito, debemos seguir estas cuatro leyes.

- Todos podemos mejorar nuestros hábitos en base a esto, incluso los que no suponen un problema a *priori* (como nuestros hábitos de consumo).

- Agendas, *post-it*, recordatorios y otros recursos pueden ayudarnos al principio.

Evita volver a las malas costumbres

«Cada día es una serie de conflictos entre el camino correcto y el camino fácil.»

— Dicho popular

¿Recuerdas la introducción de este libro, cuando imaginábamos tus hábitos como empleados de tu empresa? ¿Recuerdas que queríamos contratar a Puntualidad y despedir a Pereza?

Pues bien, no dudes que tus malos hábitos se volverán empleados resentidos y vengativos cuando los despidas: estuvieron contigo tanto tiempo que ahora creen que les debes algo. Por eso llamarán a tu puerta para tratar de sabotear tu empresa. Te harán sentir inseguro, te amenazarán con un «luego no nos busques cuando el *nuevo yo* que te estás inventando fracase», o dispararán a tus heridas más profundas con frases del tipo «¿crees que así conseguirás la aprobación de tu padre?».

Tú, ni caso.

Antes de una recaída siempre hay algo que desestabiliza el proceso. Ese algo puede ser externo o interno. Ya hemos hablado de la procrastinación y del auto sabotaje, que son internos, pero también sucede que alguien, por ejemplo, tras muchos años sin tocar la bebida, un día recibe una mala noticia y recae en el alcoholismo.

En este capítulo veremos cómo reforzar nuestra fuerza de voluntad y nuestra perseverancia para seguir adelante aún con las cosas en contra. De nuevo, algunas técnicas te parecerán excéntricas o ridículas, pero si las incluyo en este libro es porque a alguien, no muy distinto a ti, le funcionaron.

Para empezar, aquí van 10 cosas que puedes hacer en tu día a día para entrenar tu fuerza de voluntad:

1. Habla con tus propias tentaciones cuando las tengas. Trátalas como si fueran una visita inoportuna que debes despachar rápidamente pero sin perder las formas: «Lo lamento pero ahora mismo no puedo atenderte». «Lo siento, yo ya no hago esto».

2. Háblate (con respeto) a ti mismo cuando sientas que quieres rendirte y volver a tus hábitos anteriores porque *tampoco estaban tan mal*. Háblate como le hablarías a un buen amigo, o escríbete una carta. ¿Qué te dirías a ti mismo si tú no fueras tú?

3. Utiliza técnicas contra la ansiedad. Hay muchos recursos, desde la meditación hasta la escritura terapéutica. Recuérdate que la ansiedad no es más que la mensajera, y que desaparece.

4. Da tu palabra. Busca a alguien a quien te duela decepcionar y explícale lo que quieres lograr. Comprometer tu honor y tu orgullo te ayudarán a continuar.

5. Compromete dinero. Decide una cantidad de dinero que realmente te moleste perder, y renuncia a ella cada vez que falles. Por ejemplo: cada vez que no hagas una tarea, transferirás 100 dólares al club rival de tu equipo favorito o lo donarás al partido político que más detestas.

6. Marca cada día de éxito en un calendario y déjalo en un lugar visible. Poco a poco el calendario se llenará de pequeños logros y cada vez te dolerá más fallarte a ti mismo.

7. Si la tarea es repetitiva y te aburre, divídela e intercala cosas placenteras, o muestra tu progreso de forma cuantificable. Como ejemplo, puedes utilizar la técnica de los dos cuencos con clips: uno de los cuencos debe estar lleno al inicio del día, y el otro, vacío. Cada vez que completes una ronda, pasa un clip del cuenco lleno al cuenco vacío, de manera que puedas ir visualizando lo que ya has hecho.

8. Suprime todo lo que pueda suponer una señal: no quedes para comer en el centro comercial si sabes que tienes problemas para controlar las compras, cambia tu trayecto a casa para evitar pasar por delante del bar, pídele a un vecino de confianza que te custodie la videoconsola entre semana, utiliza aplicaciones móviles para bloquear el acceso a páginas web que te perjudican.

9. Evita los argumentos auto absolutorios o auto permisivos cuando te saltes una rutina.

10. Puedes saltarte el hábito un día por algún motivo justificado, pero nunca dos.

El Facebook de la gente admirable

Te propongo una actividad que suelo sugerir a mis pacientes. Se trata de crear un *facebook* (en su sentido original, es decir: un libro de caras) con gente a la que admiras. Esa gente puede ser actual o haber vivido hace siglos, y pueden ser empresarios, activistas, artistas, deportistas de élite, científicos o nuestro abuelo que trabajó toda su vida en la mina.

La idea es tener un cuaderno con fotos de todas aquellas personas que nos motivan a continuar. Podemos sacar las fotos de internet e imprimirlas junto a su nombre y la lucha o rasgo que admiramos de ellas. Así, cuando estemos tentados de dejarlo, podremos recurrir a este *facebook* para animarnos a seguir luchando por nuestros objetivos.

Tu peor foto

Hace unos años conocí a un actor que había superado una terrible adicción a la cocaína. Me contó que una de las cosas que le ayudó a evitar las recaídas fue una foto suya. No era una foto agradable: se la había hecho un desconocido una mañana que el actor salió de casa tras varios días encerrado y en pleno síndrome de abstinencia. Su aspecto era absolutamente espantoso. La foto se hizo viral y recorrió las redes sociales. Por aquel entonces, al actor le importaba todo un comino.

Pero más tarde, en una sesión de terapia, le sugerí que recuperara esa foto y la mirara a menudo para decirse a sí mismo: «ese es el lugar al que no quiero volver jamás».

Sin necesidad de llegar a ese extremo, seguro que tú también tienes «fotos» que no te gustaría que salieran a la luz. No es necesario que esas fotos existan, tan solo imagínatelas en tu cabeza: tú tumbado en el sofá a las 11 de la noche viendo el tercer capítulo seguido de una serie, tú inventando excusas para justificar por qué no hiciste algo con lo que te habías comprometido, tú perdiendo los nervios...

Cuando falles en una tarea o estés tentado de hacerlo, recordar posibles imágenes vergonzosas de ti te ayudará a reaccionar.

Elige tu difícil

Esta es otra técnica para reforzar la fuerza de voluntad. Simplemente, elige con cuál de las dos opciones te quedas:

- Cuidar la alimentación y hacer dieta es difícil. Lidiar con problemas de salud en el futuro cuando no puedas retroceder en el tiempo es difícil. Elige tu difícil.

- Mantener una relación de pareja es difícil. Estar solo en los peores y mejores momentos de tu vida es difícil. Elige tu difícil.

- Disciplinarse para ensayar una hora cada día es difícil. Reconocer con el tiempo que nunca aprendiste a tocar la guitarra y que solo alardeaste de ello es difícil. Elige tu difícil.

Supongo que ves por dónde voy.

¿Qué hacer cuando no cambia nada?

A veces sucede que nos esforzamos en mejorar pero parece que todo sigue igual. No hay ningún cambio visible en nuestra vida.

Es posible que en algún momento sientas esto. Antes de responderte, déjame contarte una fábula muy conocida en Japón:

Kishiro era un humilde carpintero a quien las cosas iban muy mal y estaba a punto de cerrar el negocio. Un día, desesperado, fue a ver a un sabio para pedirle consejo.

–¿Podría darme una razón para no rendirme? –le suplicó.

– Mira mi jardín –respondió el sabio–, ¿ves el helecho y el bambú?

– Sí –respondió el carpintero.

– Cuando los sembré, el helecho creció rápidamente. Su verde brillante pronto cubrió todo el suelo. Pero de la semilla del bambú no salió nada. Sin embargo, yo no renuncié al bambú, así que continué regando su tierra.

Al año siguiente, el helecho creció más brillante y abundante aún, pero el bambú siguió sin salir. Los dos años siguientes, lo mismo. Pero yo no renuncié al bambú, y seguí regando su tierra. Tras cuatro años de espera, el quinto año, un pequeño brote de bambú asomó. El sexto año, el bambú creció 20 metros. Había pasado cinco años echando raíces que lo sostuvieran, por eso tardó tanto en crecer.

– ¿Cómo sabías que el bambú acabaría por salir tras todos esos años?

– No lo sabía. Pero no dejé de hacer lo correcto: yo nunca renuncié al bambú».

El bambú es un buen ejemplo de lo que es la perseverancia: transcurren cinco años antes de que el primer brote se deje ver, y después… ¡Resulta que es el árbol de crecimiento más rápido de todo el planeta!

James Clear habla de la perseverancia de forma parecida en su libro *Hábitos atómicos*. Él nos insta a mejorar solamente un 1% cada día. Al final del día no vamos a notar ningún resultado, y probablemente al final de esa semana tampoco, pero si perseveramos, al terminar el año seremos un 37% mejor, y eso sí marca una diferencia.

¿Por qué recaigo?

Bien, han pasado algunos meses y has abandonado tus propósitos. Has recaído en lo de siempre: pierdes mucho tiempo frente a las pantallas, has abandonado tu proyecto, has vuelto a malgastar un montón de dinero en algo que no te ha aportado nada o has traicionado otra vez la confianza de tu pareja.

Solo hay dos verdaderas razones por la que interrumpes o abandonas un buen hábito. La primera es una fuerza de causa mayor impredecible que te impide físicamente continuar: una pandemia, una enfermedad, una desgracia mayor... La otra razón es que la creencia sobre ti mismo (tu auto concepto) te ha bloqueado o saboteado. Algo dentro de ti te está diciendo que tú no eres *ese*.

Volvamos al ejemplo de Adrián.

Antes de encontrar un verdadero motivo para cuidarse, Adrián recaía una y otra vez porque se centraba en los resultados (perder 15 kilos), y no en quién era él («soy un padre que hace cosas por su hijo»). De alguna manera, en vez de trabajar de él hacia los resultados (de dentro a fuera: «soy un buen padre y me cuido por mi hijo, así que pierdo 15 kilos»), Adrián trabajaba de los resultados hasta él («debo perder 15 kilos para ser válido»).

En su teoría sobre los hábitos, James Clear describe la dinámica dentro/fuera y explica por qué los mayores cambios de hábitos –los que requieren un mayor esfuerzo continuado– deben hacerse trabajando de dentro hacia fuera, es decir, no esperando que los resultados nos validen sino entendiendo que somos esa persona que es capaz y quiere alcanzar esos resultados. La dinámica, entonces, es desde la identidad (quienes somos) hasta los resultados:

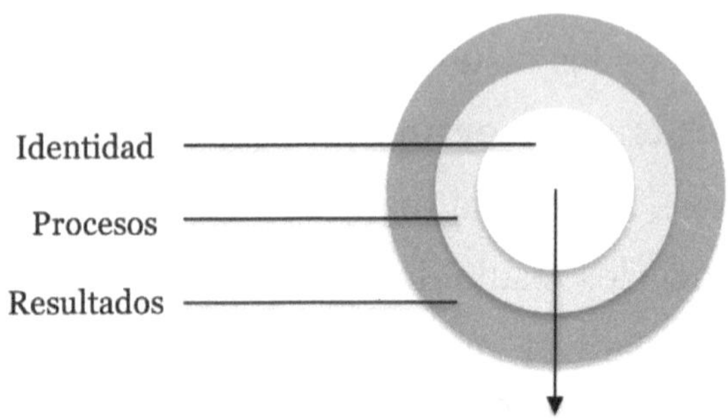

Dirección en la que debe ir el cambio.

Pongamos que queremos ser escritores. Ese es el objetivo. Pero ¿qué significa ser escritor? ¿Es publicar una novela? ¿Ser un *best seller*? ¿Vivir de escribir?

En realidad, es mucho más obvio: escritor es aquel que escribe, es decir, que dedica horas y horas al acto de escribir. Publicar una novela, ganar un prestigioso premio o salir en un ranking de superventas son solo algunos de los resultados más o menos probables del hecho de ser escritor.

Si ser escritor es el objetivo, y ser escritor es escribir, ¿cómo nos convertimos en escritores?

Pues dedicando horas a escribir. Porque –y aquí viene lo interesante de todas estas obviedades– cuando escribimos *nos estamos convirtiendo en escritores*. Cada vez que Adrián iba al gimnasio o cumplía con su menú semanal *se estaba reafirmando en el padre bueno y responsable que él sabía que era.*

Por muy buenos hábitos que tengamos, no podemos conseguir nuestros objetivos si nuestro auto concepto nos dice que no somos «esa clase de persona». Cuando Adrián se empeñaba en adelgazar porque se suponía que era lo que tenía que hacer o porque se lo decían los médicos, muy pronto se desmotivaba y abandonaba. Algo en su interior saboteaba su «nuevo» yo. En cambio, cuando Adrián asoció su «nuevo» yo a un aspecto de su identidad en la que él sí creía («soy un buen padre»), la cosa cambió.

Vamos con un ejemplo más.

Rosa es una chica joven con Trastorno de Déficit de Atención a quien ayudé hace un tiempo. Vivía sola y, entre otras cosas, su trastorno hacía que fuera increíblemente descuidada con su casa. No solo perdía las cosas y no recordaba lo que tenía en la nevera, sino que su casa estaba siempre patas arriba.

Podríamos decir que Rosa *era* desordenada, puesto que la mayor parte del tiempo su casa estaba absolutamente desordenada. Solo una vez a la semana, generalmente el domingo, Rosa dedicaba el día a adecentar el piso.

Sin embargo, Rosa también *era* ordenada. Cuando se lo dije en la primera sesión, me miró muy seria: «No, de verdad. Soy desordenada. Supongo que no sería así si no tuviera TDA, pero el caso es que *soy* desordenada». «Sí, eres desordenada la mayor parte del tiempo, pero también eres ordenada los domingos», insistí. «Bueno, pero eso no cuenta. Ser ordenado es tener las cosas ordenadas».

Lo que yo quería era cambiar el auto concepto de Rosa: que pasara de creer que era desordenada a creer que era desordenada cuando la casa estaba mal, y ordenada cuando la casa estaba bien. Si conseguía colocar esa idea en su cabeza, Rosa dejaría de definirse a sí misma como una persona desordenada.

Empezamos con una sola cosa: su ropa. Durante las siguientes dos semanas, pedí a Rosa que se centrara solo en mantener la ropa de vestirse limpia y ordenada, con la colada al día. Solo eso. Todo lo demás, incluidas toallas y sábanas, podía quedarse como si hubiera pasado un tsunami hasta el día de la limpieza general. Le pedí que cada vez que estuviera atendiendo su ropa (doblando, planchando, etc.), fuera consciente de que estaba siendo ordenada en ese momento y lo cronometrara.

Luego fuimos sumando esos ratos y los pusimos en un calendario. Poco a poco, el calendario se llenó de pequeños ratitos en los que Rosa *era* ordenada. Dos semanas más tarde, añadimos los vasos y las tazas. Le pedí que fuera consciente de ello cada vez que se ocupaba de vasos y tazas, nada más. Rosa iba viendo que cada vez tenía más ratos en que era ordenada, hasta que una semana fue más ordenada que desordenada.

Por supuesto, utilizamos un montón de técnicas y recursos para ir apuntalando sus hábitos de limpieza, como alarmas, notas, colocación estratégica de objetos, premios, etc., pero el hecho de ver que a ratos era ordenada rompió con su creencia de que ella *era* una persona desordenada.

Cuando un hábito se nos resiste, debemos parar a pensar qué relación mantiene con nuestro auto concepto y qué falsas creencias tenemos sobre ello. Luego podemos revisar las tres fases (identidad - procesos - resultados) para ver en qué dirección estamos trabajando.

Resumen del capítulo

- La perseverancia y la fuerza de voluntad son habilidades que pueden entrenarse y reforzarse con tácticas para hacer las tareas más agradables.

- Algunas actividades, como el «Facebook de la gente admirable», «Tu peor foto» o «Elige tu difícil», pueden ayudarte cuando estés tentado de abandonar tus objetivos.

- Un pequeño progreso también es un progreso: si mejoras solo un 1% cada día, al final del año serás un 37% mejor.

- Si recaes, revisa tu auto concepto: tal vez alguna creencia te esté saboteando.

Rodéate del ambiente adecuado

«He huido de todo aquello que pudiera debilitar mi fuerza de voluntad, empezando por el alcohol, que a tanta gente subyuga.»

— María Félix

Sabemos que la motivación es esencial para lograr cualquier objetivo, pero también lo es el ambiente.

La gente con la que interactuamos, nuestro espacio de trabajo, nuestros lugares de ocio, nuestras relaciones familiares... Todo ello contribuye a crear un clima favorable o perjudicial para nuestros intereses. No es casualidad que muchos hijos adopten profesiones parecidas a las de sus padres, ni que en ciertas sociedades o ciudades haya mayor tendencia a una determinada cultura de trabajo.

Nuestros hábitos están ligados al ambiente. La propia señal viene dada por el ambiente, y es el ambiente el que propicia que nuestra respuesta – la rutina– sea fácil o difícil de realizar (la segunda ley de James Clear). Si somos adolescentes y hay tres casas de apuestas de camino a nuestro instituto, será más fácil que nos habituemos a jugar que si no hay ninguna. Si crecemos en una familia sin referentes en cuanto a la cultura del esfuerzo, es probable que en el futuro busquemos trabajos o relaciones donde se nos exija lo mínimo para subsistir.

Es cierto que algunas personas logran éxitos increíbles a pesar de haber crecido en ambientes absolutamente nocivos (todos conocemos casos de superación), pero suelen ser excepciones: todas las estadísticas indican lo contrario.

La fuerza del grupo

Ya hemos comentado cómo el grupo puede influir negativamente: los recelos y la presión de la tribu cuando uno de sus miembros empieza a mejorar por sí mismo («ya no eres el que eras», «te has olvidado de dónde vienes»...), le pueden hacer dudar de sus propósitos o valía. No lo permitas.

Obviamente, en todas partes suceden cosas que perjudican nuestros intereses. El mejor amigo puede fastidiarte un día por algún motivo, y el mejor jefe del mundo puede tener una mañana torcida y no valorar una gran iniciativa que has tenido. Pero un ambiente que sistemáticamente te impide crecer es un ambiente tóxico y debes evitarlo.

Para valorarlo, no está de más que analicemos de vez en cuando el comportamiento de los grupos a los que pertenecemos. A continuación, te dejo 25 banderas rojas que no deberías pasar por alto, ya sea en tu trabajo, en tu grupo de amigos, en tu propia familia o en tu relación de pareja:

1. Sientes que tus nuevos hábitos o objetivos no van a sentar bien en ese ambiente.
2. Escondes tus nuevos hábitos y tus proyectos para no tener problemas en ese ambiente o grupo.
3. Ese ambiente te obliga a hacer cosas que no van contigo.
4. No sabes exactamente qué te mantiene en ese ambiente.
5. En ese ambiente hay un líder a quien le debes un alto grado de lealtad.
6. Pagas por cosas que no has hecho.
7. Eres reacio a dejar ese ambiente por miedo a posibles represalias.
8. Se te ha humillado en más de una ocasión.
9. El ambiente te pone nervioso en vez de relajarte.
10. Hay un elevado grado de imprevisibilidad que te hace estar siempre en alerta.

11. Ese ambiente te agota o te hace sentir confundido.

12. En ese ambiente estás continuamente moderando tu comportamiento y tus palabras.

13. Hay comparaciones molestas entre los miembros de ese ambiente, o entre estos y otras personas externas al grupo.

14. Sientes que necesitas permiso para actuar.

15. Hay unas normas internas, casi secretas, que nadie de fuera de ese ambiente entendería.

16. Cuando, por el motivo que sea, tu actividad en ese ambiente ha disminuido temporalmente, te has sentido aliviado.

17. Siempre tienes un cambio pendiente de hacer. Nunca eres suficiente en el grupo tal como eres.

18. Anhelas saber cómo sería la vida *ahí afuera*.

19. No piensas que tienes suerte de formar parte de ese ambiente, más bien lo contrario.

20. Sientes que tus problemas nunca son importantes ahí.

21. A veces crees que, en el fondo, tu malestar es culpa tuya por ser como eres.
22. A veces te sientes manipulado o te han engañado.
23. Ese ambiente perjudica tus otras relaciones o aspectos de tu vida.
24. Sientes que estás con ellos o contra ellos.
25. Si decides abandonar ese ambiente, todo el grupo actúa en bloque contra ti.

Este no es un libro sobre relaciones tóxicas, pero es importante tener claro que un ambiente contrario a tus intereses te lo va a poner difícil.

En el lado contrario, los ambientes positivos son tremendamente útiles para alcanzar un objetivo. Ya sea ganar un campeonato, superar un trauma o alcanzar una meta laboral colectiva, es cierto lo que dicen: la unión –si es auténtica– hace la fuerza. Todos tenemos en mente algún caso donde un equipo deportivo modesto pero bien cohesionado consigue retos teóricamente fuera de su alcance; y también casos de organizaciones como Alcohólicos Anónimos, donde el apoyo constante entre sus miembros es parte de su éxito.

Si te enfrentas a retos para los que no tienes referentes, o crees que tu ambiente no aceptará implementar hábitos más productivos, muévete. Busca ejemplos y conviértete tú también en ejemplo para otra gente. Hay ocho mil millones de personas en el mundo, y hoy día puedes conectar con gente de cualquier parte del planeta. El mundo es demasiado grande para que tu marco mental termine donde lo dice tu cuñado.

Una de los ejemplos más habituales y evidentes de la importancia de la fuerza del grupo ya sea para afianzar o, por el contrario, para socavar tus nuevos hábitos es la pérdida de peso. A menudo «bromeo» con mis pacientes que quieren iniciar un proceso de pérdida de peso y les digo que la forma más rápida y efectiva de alcanzar el peso deseado no es ni un buen nutricionista ni un buen entrenador, sino cambiando de grupo de amigos. Y aunque estoy bromeado cuando les digo que cambien de amigos de la noche a la mañana, no es ninguna broma que realmente sería el método más efectivo para conseguirlo. Porque lo más normal es que tus amigos sean como tú. Y si hasta ahora tú has sido una persona sedentaria, seguramente te habrás juntado con personas sedentarias. Y, para bien o para mal, que tu hayas decidido cambiar de hábitos no va a hacer que tu grupo de amigos quiera seguir tu mismo camino y que os vayáis a servir de apoyo unos a otros. Más bien al contrario. Tu grupo te va a querer «como tú eres», como ellos te han conocido. Sedentario.

La parte buena de este fenómeno es que funciona en ambas direcciones. De modo que, si consigues mantener tus hábitos de pérdida de peso —a pesar de tus amigos— durante el tiempo suficiente, lo más normal es que empieces a socializar cada vez más con personas más activas, que persiguen tus mismos objetivos o, mejor aún, que ya los han conseguido. Y estas nuevas personas, este nuevo grupo de amigos, también tirarán de ti si algún día tus fuerzan flaquean e intentas volver a tus antiguos hábitos sedentarios. Porque ellos no quieren que cambies, te quieren como te han conocido, «como tú eres», una persona sana y activa.

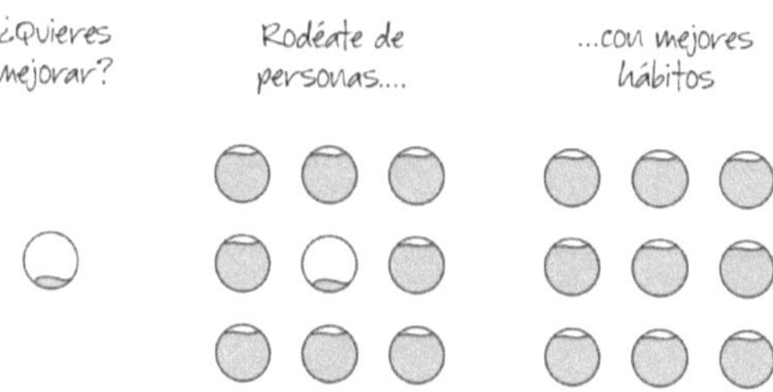

La fuerza de grupo es realmente poderosa. De ti depende dejarte arrastrar por ella o utilizarla a tu favor.

El orden mueve destinos

A estas alturas todos conocemos, o deberíamos conocer, a la emprendedora y consultora japonesa Marie Kondo. Esta defensora de los espacios ordenados desarrolló toda una filosofía alrededor del hábito de tener nuestro hogar limpio y despejado, ya que esto impacta positivamente en nuestra salud y bienestar emocional.

Coincidiendo con los minimalistas, Marie Kondo defiende tener en casa solo los objetos necesarios y los que nos hacen felices. Además, cree que los ambientes cargados o con colores estridentes no contribuyen a crear un clima de tranquilidad y conciencia plena, sino de dispersión y estrés.

Tal vez no termines de ver la relación directa entre tener la cocina ordenada y que tu nuevo negocio de marketing tenga éxito. Pero la verdad es que el desorden se asocia a la baja productividad.

¿Tu hogar contribuye a crear buenos ambientes de trabajo o descanso? Estos son algunos consejos para implementar hábitos de orden y limpieza en casa:

1. Vende, dona o regala todas las cosas que no usas.

2. Una vez lo hayas hecho, acostúmbrate a repetirlo cada seis meses.

3. Dedica 1 hora al día a tu hogar.

4. Ten un sitio para cada cosa.

5. Después de usarla, devuelve cada cosa a su sitio.

6. Si tu hogar te lo permite, destina una habitación a cada uso, evitando que el comedor se convierta en el lugar donde comes, descansas, estudias, haces ejercicio, juegas con tu perro y grabas vídeos para las redes sociales.

7. Destina un cajón o una caja grande a todos esos objetos que aún están por ordenar y que no tienen un lugar específico aún. Así evitarás que vayan rebotando por la casa.

8. No acumules.

9. Crea iluminaciones apropiadas, agradables y neutras.

10. En tu mesa de escritorio ten solo lo que uses a diario. El resto de utensilios, documentos, etc., deben ir fuera. Si no grapas papeles, no tengas una grapadora sobre la mesa.

Cómo tenemos nuestro entorno habla de nosotros. El compromiso con lo físico (y eso vale también para el propio cuerpo) va acorde con el compromiso con nuestro trabajo o vida personal. Tal vez seamos unos genios de la alta costura o de la informática, pero si somos caóticos con las cosas, probablemente se vea difícil trabajar o mantener una relación con nosotros.

Una casa en orden, además, nos permite ahorrar mucho tiempo, es más fácil de mantener económicamente y favorece tanto el descanso como la concentración. Sea cual sea tu objetivo, el cuidado de tus espacios debe ser uno de esos hábitos transversales y permanentes.

Resumen del capítulo

- Los ambientes, ya sean espacios físicos o comunidades de personas, influyen decisivamente en la creación y mantenimiento de los hábitos.

- Un ambiente laboral, familiar, de amistad o de pareja que no te permite crecer es un ambiente tóxico y debes evitarlo.

- Un ambiente positivo, donde los buenos hábitos estén apuntalados por la fuerza del grupo, es un tesoro, y puede llegar a pesar más que la motivación o la fuerza de voluntad individual.

- El orden y la limpieza en casa y en nuestro lugar de trabajo impacta positivamente en nuestro bienestar y nuestra productividad.

Analiza tu progreso

«El enfoque proactivo de un error consiste en reconocerlo instantáneamente, corregirlo y aprender de él.»

— Stephen Covey

El progreso raramente evoluciona de forma uniforme: suele dibujar una línea ondulada que sube y baja a distintas velocidades. Pero, por pequeño que sea, es progreso si la tendencia general es al alza.

Debido a que es irregular, al principio no es fácil ver que tus nuevos hábitos han empezado a dar sus frutos. Si los cambios son pequeños, desmotivan porque no se ven proporcionales al esfuerzo invertido. La buena noticia es que se multiplican exponencialmente, de modo que las mejorías y las recompensas llegarán cada vez más rápido y serán más grandes.

Entonces, si al principio no hay muchos cambios visibles, ¿por qué analizar los logros desde el primer día? ¿Por qué no esperar a estar más avanzados o incluso a llegar a la meta?

Hay varios motivos para ello. Veamos algunos:

1. Acostumbrarte a analizar tus progresos es un hábito más que te ayudará a mantenerte enfocado.

2. El nivel de compromiso contigo mismo es mayor si sabes con regularidad cómo lo estás haciendo.

3. Ir comprobando que poco a poco los logros se acumulan te reforzará positivamente.

4. Analizar tus progresos te permite detectar antes errores o dinámicas que podrías mejorar, y anticipar soluciones.

5. También te ayudará a comprobar qué tan acertado era tu plan.

6. Analizar tus progresos te permite tener una visión general de cómo va tu plan para no

hundirte si un día fallas ni auto engañarte si la cosa no va nada bien.

7. Y te servirá en caso de que te pases de la raya y te estés obsesionando con tus objetivos.

Cómo mido mis progresos

Mi consejo es que analices tus avances sin emitir juicios ni opiniones hasta que no examines a fondo qué, por qué y cómo, siendo honesto y justo contigo mismo. Recuerda que analizar tus progresos no tiene como objetivo castigarte sino mantener los pies en la tierra.

Personalmente, suelo dedicar unos minutos cada noche a valorar cómo ha ido el día. También suelo llevar un diario de progresos donde apunto las cosas destacables del día a día.

Los progresos se miden contrastando regularmente hechos, cifras y datos.

Si te has planteado ahorrar, debes poder revisar tus nuevos hábitos financieros con cifras, presupuestos, partidas, etc., junto con las acciones concretas y conscientes que vas tomando con respecto a tu dinero. Si quieres perder peso, y aunque resulte molesto al principio, vas a tener no solo que pesarte, sino también que medir tu porcentaje de grasa corporal y masa muscular, la duración y la intensidad de tus sesiones y sí, por mucho que algunos vendehúmos quieran convencerte de lo contrario, las calorías que entran y las que salen. O si lo que necesitas es luchar contra la ansiedad, debes poder comprobar en algún diario o registro cómo va el proceso, qué días han sido mejores y peores, qué síntomas has tenido, qué hábitos o rutinas te alivian, etc.

Si tus logros no están alineados con lo que planeabas, deberás ajustar y corregir. Tal vez tu plan era demasiado optimista en cuanto al tiempo, o tal vez ha habido demasiados imprevistos que de ninguna manera podías considerar. Tal vez hayas recaído y abandonado tus hábitos más veces de las que creías.

Medir tus logros te ayudará a dar con la clave y te acercarán más a la solución que al desánimo.

Aprende de otras personas

Otra cosa muy útil para medir tus progresos es aprender de otras personas. ¿Por qué? Porque tus errores ya los ha cometido otra gente antes.

Aprender de otras personas es positivo porque:

- Hay un efecto tribu: sientes que no estás solo cuando te toque repetir tus hábitos día tras día sin grandes resultados.

- Puedes ahorrarte errores gracias a las experiencias que otros han compartido.

- Puedes encontrar las soluciones más rápidamente si conoces otros casos parecidos al tuyo.

Compartir información: un hábito con efecto *bumerán*

A menudo mis pacientes se muestran reacios a compartir información que les ha sido útil. No hablo de decirle a nadie cuánto han adelgazado si no les apetece, pero sí de compartir esa página web con consejos de nutrición que tanto les ha ayudado.

Si, por ejemplo, llevas mucho tiempo tratando de mejorar tus finanzas personales y por fin empiezas a conseguirlo gracias los nuevos hábitos que has adquirido tras haber leído un nuevo libro o encontrado, tras mucho investigar, un coach financiero excepcional, puede que tengas la tentación de no contarle a nadie lo que tanto esfuerzo te ha llevado descubrir.

Mi opinión es que compartir la información es una carretera de doble sentido: si tú lo haces, otros lo harán contigo (no todos, claro, pero eso también te ayudará a saber con quién puedes formar equipo y con quién, no). Además, la vida da muchas vueltas y no sabes qué oportunidades te depara el futuro. Tal vez alguien que le dijo a alguien que eso se lo habías enseñado tú tenga algo importante para ti.

Por supuesto, si has escrito el guion de una película, no se lo envíes a todas las productoras para que lo lean, y menos si no lo has registrado. Si es bueno y tú no tienes las espaldas cubiertas, es probable que te lo roben. No estamos hablando de trabajar gratis para los demás. Lo que digo es que me parece buena idea que compartas experiencias e información con otros compañeros de profesión, incluso convocatorias y ofertas que te pueden interesar a ti: eso transmitirá la idea que no temes a la rivalidad porque estás preparado y crees en ti mismo.

Compartir tus ideas también te dará cierto *feedback* de si gustan o no: obviamente, nunca va a gustar todo lo que hagas a todo el mundo, pero si tus ideas son rechazadas por varias personas distintas, párate a pensar qué está pasando.

Otra cosa: no seas trepa. Ni contigo mismo ni con los demás. Estoy seguro de que no va contigo.

Breve nota sobre el perfeccionismo

¿Vas bien en la implementación de tus nuevos hábitos? ¿Mejor que bien? ¿Llevas tus hábitos a rajatabla y no has fallado ni una vez? ¿Te horroriza la idea de no hacerlo bien al 100%?

Entonces, tal vez deberías prestar atención a lo que voy a contarte.

Me alegra saber que te esfuerzas tanto y que tus logros son tan impresionantes semana tras semana. Pero debo pedirte que revises tu plan original y te preguntes si estás en el buen camino. Porque el perfeccionismo tiene una cara oscura.

Perfeccionismo y excelencia no son lo mismo. El perfeccionismo es la voz del opresor en nuestra cabeza, e indica que nuestra relación con el hábito se ha vuelto insana y obsesiva. Mientras que la excelencia parte de una buena autoestima y de una voluntad de crecimiento en plenitud, el perfeccionismo es una forma de sufrimiento que nos aboca a valorarnos solo por lo que logramos. Tras la excelencia hay la decisión de hacer lo posible y necesario para lograr una meta sin olvidar el por qué. Tras el perfeccionismo hay auto castigo y miedo al fracaso y al rechazo de los demás.

Tener hábitos saludables también significa saber decir «suficiente por hoy». Cierto que es difícil que el hábito de irte a dormir media hora antes desemboque en una obsesión o una adicción, pero algunos hábitos sí deben tener medida para evitar llevarlos al límite de la salud mental: la vigorexia, los trastornos alimenticios, las adicciones al trabajo o a la limpieza empiezan en algún momento como hábitos y terminan por secuestrar la voluntad de la persona.

¿Y cómo sé si me estoy obsesionando?

Buena pregunta. No hay una fórmula infalible, pero estas pistas pueden serte de ayuda si sospechas que tu hábito se ha descontrolado:

- Si pasas todo el día en ello, por ejemplo, pensando continuamente en las calorías que has ingerido y las que vas a ingerir.

- Si la meta y el porqué de ese hábito te parecen cada vez más extraños y alejados de tu nueva vida.

- Si no disfrutas del proceso ni estás nunca satisfecho.

- Si en vez de reportarte cada vez más gratificación, practicar esa rutina te reporta más ansiedad.

- Si tienes cambios de humor, especialmente en forma de «subidones» tras la rutina seguidos de «bajones» cada vez más largos e intensos entre un subidón y el siguiente.

- Si explotas cada vez que, por lo que sea, no has podido cumplir con tu hábito, aunque se trate de una fuerza mayor.

- Si te irritas con la gente que te sugiere tomártelo con más calma.

- Si lo haces en secreto o mientes para que los demás «te dejen en paz».

- Si te está costando mucho más dinero del que preveías.

- Si no te sienta bien física o psicológicamente.

- Si no hablas de otra cosa.

- Si has abandonado tus demás intereses.

- Si crees que «nadie te entiende» (ni siquiera los profesionales de ese campo, que saben más que tú).

- Si cada vez tienes más dificultades para mantener el equilibrio entre tu nuevo hábito y tu vieja vida, ya que uno se está comiendo el terreno del otro.

- Si no eres capaz de decir cuál es tu objetivo actual respecto a ese hábito.

- Si nunca te apetece celebrar los logros.

Mi recomendación es que analices tu progreso regularmente también para detectar conductas obsesivas. Aunque una de las características de cualquier inicio de obsesión o adicción es el auto engaño, tarde o temprano tendrás que reconocerte a ti mismo que algo no va bien.

Resumen del capítulo

- Analizar los progresos es importante para mantenernos enfocados y hacer ajustes en caso necesario.

- También nos refuerza positivamente, especialmente al principio, cuando los avances son pequeños, o cuando los logros se estancan temporalmente.

- Establecer comparaciones inteligentes con otras personas y compartir información son dos dinámicas útiles no solo para interpretar correctamente tus avances sino también para crecer personalmente.

- Mi consejo es que sigas un diario registro con datos que sirvan para analizar tus progresos, y que dediques unos minutos cada noche a reflexionar sobre cómo lo llevas.

- Algunos hábitos, como las dietas o la limpieza, por ejemplo, se pueden convertir en obsesiones. Recuerda que excelencia y perfeccionismo no son lo mismo.

Celebra tus logros

«La celebración es una toma de conciencia, es prestar atención al significado trascendental de nuestras acciones.»

— Abraham Joshua Heschel

Todos hemos visto a algún deportista de élite celebrar la victoria de forma efusiva o escandalosa: bailando, gritando, agradeciendo a Dios... Nosotros, sin embargo, no solemos hacerlo. ¿Te imaginas bailar una samba ante el encargado cada vez que terminas de comprobar los albaranes? ¿Alzando el puño en señal de victoria porque has cenado brócoli?

Sin embargo, es muy importante celebrar los logros. ¿Por qué?

- Celebrar un logro, triunfo o éxito tiene un impacto positivo en nuestro bienestar y nuestra autoestima, especialmente si podemos registrarlo en forma de foto (u otros) para recordarlo en momentos bajos.

- Celebrar un logro lo da a conocer a los demás, y genera la oportunidad tanto de recibir elogios de otra gente como de inspirar con el ejemplo, algo también muy gratificante.

- Celebrar un logro afianza nuestra confianza en el plan y en la estrategia adoptados.

- Celebrar los logros refuerza nuestros vínculos sociales de forma positiva, ya sea en el trabajo, en la familia, en la pareja o en el equipo.

- Celebrar los logros recarga las pilas tras el esfuerzo y nos prepara para la siguiente acción de forma mucho más positiva que si nuestro logro pasa desapercibido.

- La celebración de pequeños objetivos nos anima a atrevernos con retos mayores.

No solo debes celebrar los logros: también hay que celebrar el tiempo que llevas esforzándote o implicado en algo, como los aniversarios de pareja o en la empresa.

También está bien que celebres los logros de los demás: no tienes nada que envidiarles si tú también te estás esforzando por mejorar a diario (de hecho, está demostrado que la envidia más intensa la sienten aquellos que no están haciendo nada por conseguir ese logro, mientras que los que luchan y son honestos consigo mismos respecto a su progreso no suelen sentirla por los progresos de los demás).

Y no te olvides de celebrar también tu cumpleaños. Cumplir años y poder celebrarlo con los tuyos es ya un logro en sí mismo y merece conmemorarlo y recordarlo.

¿Cómo celebrar un logro?

Abraham Joshua Heschel, un importante teólogo judío, lamentaba que hoy en día la gente hubiera olvidado el sentido originario de la celebración. Ante un logro, nos recompensamos inmediatamente con algo material o una actividad placentera; cuando celebrar, en realidad, debería ser un acto consciente de reflexión sobre el logro conseguido y de gratitud hacia la vida. La celebración debería ser algo espiritual en vez de material. Recordando la cita de este capítulo: «La celebración es una toma de conciencia, es prestar atención al significado trascendental de nuestras acciones».

Dicho esto, en mi opinión también es importante regalarnos algo que simbolice el esfuerzo. Lo más importante desde mi punto de vista es no celebrar los logros saltándonos los hábitos, ya que eso conlleva un mensaje totalmente contraproducente: el de las ganas de saltarnos los hábitos que, por otro lado, nos están llevando adonde queremos ir.

Mi consejo es hacer un ejercicio de gratitud consciente y regalarte tiempo de calidad para hacer algo que te guste. En función del logro puede ser desde ir a un restaurante nuevo y probar una comida diferente hasta hacer una escapada o obsequiarte con un día de desconexión total.

Algunas ideas:

- Un encuentro con los tuyos: desde una fiesta con amigos hasta un encuentro familiar en un sitio divertido (recuerda que hay «vida» después de las comidas familiares: existe un sinfín de actividades para disfrutar en familia y evitar terminar hablando de fútbol o política).

- Una experiencia.

- Descansar *de verdad*.

- Una escapada.

- Una compra de algo relacionado con tus hábitos u objetivos (desde accesorios para el gym hasta una nueva tablet para tu trabajo).

Resumen del capítulo

- Celebrar los logros forma parte del proceso de mejora.

- Celebrar los logros refuerza la confianza en ti mismo, en tu plan y en tu voluntad.

- Celebrar los logros refuerza los vínculos con los nuestros (familia, pareja, compañeros de trabajo, etc.).

- La mejor manera de celebrar un logro es tomar consciencia del esfuerzo que ha supuesto y dedicarnos tiempo de calidad.

- No debemos celebrar un logro saltándonos los hábitos como forma de regalo, ya que el mensaje que nos damos es contraproducente.

Hacia el crecimiento constante

Al inicio de este libro hablábamos de los hábitos como los empleados de nuestra vida. Decíamos que debemos contratar a los buenos y prescindir de los malos. Pero con ello no me refería solo a objetivos puntuales, como adelgazar o dar un salto en nuestra carrera: esta mentalidad debe ser la constante de nuestra trayectoria vital, porque los hábitos nos convierten en lo que somos en todas las facetas de nuestra existencia.

No permitas que una meta, por sí sola, te defina. No te abandones solo porque ya eres un poco mejor que los que te rodean: aspira a más, explora tus propios límites, deja huella en este mundo. Imagínate qué pensarás de ti mismo cuando seas anciano.

Pese a que mis libros pretenden ser más una guía práctica para el día a día que un ensayo filosófico sobre la existencia, lo cierto es que creo firmemente que el crecimiento debe seguir al crecimiento. Por eso, esfuérzate siempre por mejorar tus habilidades y busca el crecimiento en ti mismo, en tu carrera y en tus relaciones con los demás: solo los deportistas arrogantes dejan de entrenar cuando van por delante, y solo los deportistas que han rebajado su potencial como personas dejan de tener retos tras su gran victoria deportiva.

Mi misión con este libro es aportar mi granito de arena para que la gente encuentre sus propósitos de vida y la manera de alcanzarlos. Espero haberlo conseguido. Y espero haberte transmitido la confianza y la motivación suficientes para vivir mejor tu vida, con más sentido, control y significado.

Si es así, llegados al final de estos siete pasos, no me queda más que felicitarte.

Y es que, en realidad, tu viaje comenzó en el momento en que decidiste comprar este libro y el hecho de que hayas llegado hasta aquí implica que **ya has pasado a la acción**. Que te respetas a ti mismo y te tomas en serio.

¡ENHORABUENA!

No te detengas ahora. No te rindas nunca, y la vida te compensará como no puedes imaginar. La decisión es tuya. Solo tú tienes el poder de transformar tu vida. No lo dejes para mañana. Decide hoy cuál será tu próximo paso y ve a por ello.

La vida que deseas te está esperando.

Un abrazo,
Daniel

Tu opinión es muy importante

Como autor independiente que soy, tu opinión es muy importante para mí y para futuros lectores como tú. Te estaría enormemente agradecido si me dejases **un comentario** en tu plataforma favorita diciéndome qué te ha parecido mi libro **para así poder seguir mejorándolo**:

- ¿Qué es lo que más te ha gustado?
- ¿Hay algo que hayas echado en falta?
- ¿A quién se lo recomendarías?
- …

¡Un regalo solo para ti!

¿Te gustaría leer **mi próximo libro completamente GRATIS**? ¡Escanea el código que aparece debajo y **apúntate a mi club de lectores**!

Te esperan grandes sorpresas: sé el primero en leer mis nuevos lanzamientos, escucha mis audiolibros de forma gratuita, consigue copias firmadas y dedicadas... ¡y mucho más!

Otros libros de Daniel J. Martin